EL FÚTBOL DE LOS ANIMALES

leo y sergio cohn - poemas
leo cohn - ilustraciones
benjamin valdívia - traducción

azougue editorial

jugar con la lombriz
es pan comido
hasta rodando el balón
se le hace el sombrerito
ella sólo ha metido un gol
y hasta hoy se pregunta
si fue con la cabeza
o con la cola

minhocas 1X2 gatos.
GOL!

jugar con el ciempiés
es algo trabajoso

para darse una idea
le lleva dos minutos
barrerse para
cometer falta

miau !
0,01

el puerco
tiene fama
de ser muy
aficionado al fútbol
si llueve
y la cancha
se pone lodosa
él se echa
y se revuelca

la jirafa es la mejor
para cabecear
pero para que la bola
le llegue hasta allá arriba
se necesita un cañón
y mucha puntería

la araña
es buena de portero
detiene todos
los tiros
no duda
lo difícil es
convencerla
de que las redes
no son telarañas

el avestruz
por un tris
no metió
un gol
bonito
llegó de atrás
burló a tres
pero el tonto
del árbitro
pitó su silbato

qué coraje
qué crimen
sólo porque él le iba
al otro equipo

piiuipi pi

ver la amiba
jugar fútbol
no es algo
que se olvide
¿cómo le hace
para meter gol
sin pies
ni cabeza?

os gatos meten
goles muy buenos,
en cuanto entran a la cancha
empiezan las porras
y se agitan las banderas
pero entre los del otro equipo
es una lloradera:
les meten gol de taquito,
de túnel, de bicicleta
y si se descuidan
hasta les meten gol de talón

GOL!
EEE!

el pingüino
es una auténtica
estrella
en la cancha
nadie es más
elegante
pero dicen que
es demasiado
pedante
¿era necesario jugar
con traje de gala?

sentados en la banca
todos los animales
quieren que los escojan
para formar los equipos
sólo el armadillo tatu
se hace bola
haciendo la mayor
fallada

el árbitro jilguero
no necesita silbato
pero tiene seguidores
suficientes
sólo para escuchar
su canto excelente

pipiripi, pi!
miau
Ai!
miau?
gato 1 x jacaré 0

Leo Cohn tiene ocho años y le gustan los gatos. "El fútbol de los animales" es su primer trabajo.
Sergio Cohn es poeta y editor y tiene casi cuarenta años.
Los poemas fueron escritos entre los dos, con excepción de "jirafa", que es solamente de Leo.
Las ilustraciones son de Leo.

ISBN 978-85-65332-63-7

Coordenacción Editorial
Sergio Cohn

[2023]
azougue - mais que uma editora, uma ponte entre culturas